EMMA
LÉA
AZIZ
SARAH
PAUL
Mme PARMENTIER
ROMAIN
CORALIE
THOMAS
CAMILLE
LÉONARD

Sarah adore la danse

PAPIER À BASE DE FIBRES CERTIFIÉES

RAGEOT s'engage pour l'environnement en réduisant l'empreinte carbone de ses livres. Celle de cet exemplaire est de : 350g éq. CO_2
Rendez-vous sur www.rageot-durable.fr

Cet ouvrage a été imprimé sur un papier issu de forêts gérées durablement, de sources contrôlées.

Direction artistique : Françoise Maurel
Couleurs de Sandra Violeau

ISBN : 978-2-7002-5347-4
Une première édition de cet ouvrage a été publiée par Rageot Éditeur en 2007.

Loi n° 49-956 du 16-07-1949 sur les publications destinées à la jeunesse.

L'école d'Agathe CE1

PAKITA
AURÉLIE GRAND

Sarah adore la danse

RAGEOT

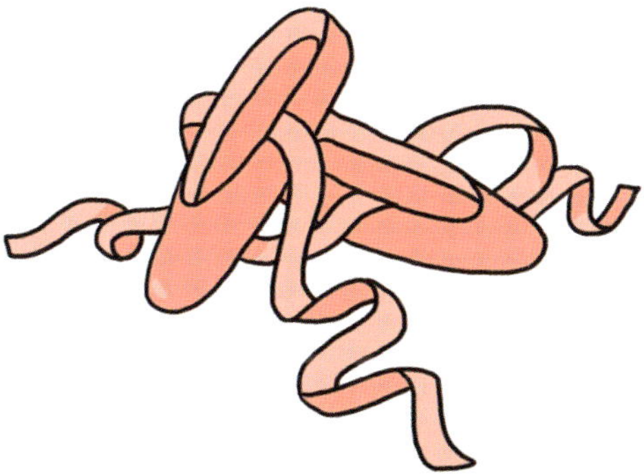

Coucou, c'est moi Agathe !

Vous connaissez Sarah ?

Plus tard, elle sera danseuse dans les étoiles.

Euh... je veux dire danseuse étoile ! Elle danse trop bien !

Pirouette, saut de chat, changement de pied, plié, arabesque ! Sarah danse quand elle marche, quand elle joue, quand elle travaille et quand elle mange aussi !

Et Sarah danse partout ! Sous le préau, dans la cour, à la cantine, dans les couloirs, et même sur les trottoirs !

Première position, deuxième, troisième, quatrième, cinquième…

En plus, Sarah porte des jupes qui volent quand elle tourne. Et elle met des ballerines avec des longs rubans.

— Forcément, je suis danseuse, dit Sarah.

C'est vrai ! Elle va à l'école de danse les mercredis et tous les lundis et mardis soir.

Un jour, Sarah m'a expliqué :

— La danse, c'est ma passion ! J'aime la danse si fort que j'y pense toujours, même quand je dors ! Et toi Agathe, c'est quoi ta passion ?

— Les copains ! je lui ai répondu.

À cause de sa passion, Sarah ne joue pas beaucoup avec nous dans la cour. Dès qu'on lui propose de jouer à chat glacé, au foot, à la balle aux prisonniers, elle refuse :

— Non merci ! Je préfère danser !

Et hop ! Première position, deuxième, troisième...

Résultat : Mathieu trouve Sarah ennuyeuse avec sa danse et Coralie dit :

— Je danse aussi bien que Sarah mais moi, je ne suis pas prétentieuse, je ne danse pas devant tout le monde.

Coralie est jalouse de Sarah, vous ne croyez pas ?

L'autre jour, pendant le sport, Tom a mis en cachette le tutu de Sarah puis il est arrivé sur la pointe des pieds en l'imitant.

— Petit saut, grand saut, toupie et hop ! Fesses par terre !

On a éclaté de rire, Sarah aussi.

— Bravo Tom ! a dit Sarah. Je cherchais justement un garçon pour m'exercer. Porte-moi comme si tu voulais me lancer dans les nuages !

Mais Tom n'a pas réussi à soulever Sarah. C'était trop drôle !

Le lendemain, à la récré, Sarah nous a réunis.

— Les amis, cette nuit, j'ai fait un rêve fantastique, on faisait un ballet tous ensemble !

— Un balai qui balaie ? a demandé Mathieu.

— Nooon ! Un ballet, une histoire qui se danse ! a répondu Sarah.

Puis elle a ajouté :

— Si on réalisait mon rêve ?

On a dit d'accord et zou ! On a commencé à répéter.

— Arabesque, plié, changement de pied !

— Et écrasé ! a crié Chloé quand Gabriel lui a marché sur le pied.

1
2
3

Juste après, Sarah nous a dit :

— Il est super notre ballet mais moi, ce que je voudrais le plus au monde, c'est être petit rat de l'Opéra pour danser des vrais ballets sur des vraies scènes.

— Petit rat ? j'ai dit. Beurk ! Petite souris, c'est plus joli !

Sarah nous a expliqué :

— À l'Opéra, il y a une école de danse. Les élèves s'appellent des petits rats. On travaille comme en classe mais en plus, on danse tous les jours. J'adorerais y aller mais le concours est très difficile !

— Tu vas le gagner Sarah ! on a crié.

En classe, pendant le calcul, Sarah, qui est derrière moi, m'a chuchoté :

— Agathe ! Regarde, j'ai dessiné un ballet. Au milieu, c'est moi quand je serai danseuse étoile et tout autour de moi, bras arrondis et jambes pliées, ce sont les danseuses qui m'accompagnent.

Je n'ai même pas eu le temps de dire à Sarah que son dessin était magnifique, la maîtresse était là.

— Sarah ! Ton dessin est très joli mais j'aurais préféré que tu le fasses chez toi plutôt qu'en classe ! Viens au tableau !

Madame Parmentier connaît la passion de Sarah parce qu'en classe Sarah danse aussi. Si tu regardes sous sa table, tu vois ses chevilles qui font : plié, tendu, plié, tendu… et dès que la maîtresse écrit au tableau, tu la vois bras en l'air et tête qui tourne !

D'habitude, madame Parmentier sourit et dit à Sarah :

— Si seulement tu aimais l'école autant que la danse !

Mais là, la voix de la maîtresse était sévère :

— Alors Sarah, combien font 25 + 25 ?

Sarah ne savait pas. Forcément, elle avait dessiné pendant les explications. Je lui ai soufflé 50 en lui montrant 5 fois mes 10 doigts mais Sarah ne comprenait pas ! La maîtresse s'est énervée :

— Sarah, tu n'écoutes pas, je crois que tu penses trop à danser et pas assez à travailler, je veux voir tes parents.

Oups, oups, trois fois oups ! Pauvre Sarah ! Toute la classe sait que lorsque madame Parmentier demande à voir nos parents, ça veut dire qu'après on n'a plus le droit de s'amuser, juste le droit de travailler !

Le lendemain matin, quand elle est arrivée, pas de pirouette ni d'arabesque, Sarah ne dansait plus.

— C'est affreux ! Si je n'ai pas de bonnes notes, j'ai le droit d'aller à la danse seulement le mercredi, ce n'est pas assez pour être danseuse étoile !

Et Sarah a éclaté en sanglots.

Alors on lui a dit :

Oui, on va te faire réciter tes leçons !
Et t'expliquer les exercices !
Et tu seras danseuse étoile !

À la récré, on a aidé Sarah chacun notre tour.

— Pense à l'école des petits rats ! on lui soufflait à l'oreille.

Et vous savez quoi ?

Aider Sarah a donné du courage à toute la classe.

— Je ne sais pas ce qui se passe mais vous travaillez très bien en ce moment, a dit la maîtresse.

Et aujourd'hui, pirouette et pas de chat, Sarah est arrivée à l'école en riant.

— Les amis, merci ! La maîtresse a dit que j'avais fait des progrès ! Je peux retourner danser quand je veux !

On a crié :

— Bravo Sarah danseuse étoile !

Merci les amis !

La prochaine fois,
je vous parlerai de ma
nouvelle amie Nina !

Pakita aime tous les enfants !
Les petits, les gros, les grands, avec des yeux bleus, verts ou jaunes, avec la peau noire, rouge, orange, qui marchent ou qui roulent, et même ceux qui bêtisent !

Pour eux, elle se transforme en fée rousse à lunettes, elle joue, elle chante, elle écrit des histoires et des chansons pour les CD, les livres ou pour le dessin animé. Et certains jours, elle se transforme même en maîtresse.

Aurélie Grand est curieuse de nature. Elle observe tout, touche à tout, goûte à tout et bien sûr, dessine tout... Sa mémoire est assez mauvaise mais aussi loin qu'elle se souvienne, elle a toujours dessiné. Pourtant, avant d'en faire son métier pour de bon, elle a aussi été scientifique et pirate !

Elle aime faire des blagues et dire des bêtises, mais là, tout est vrai, promis !

Retrouve Agathe et ses copains dans :

Achevé d'imprimer en France en juillet 2017 par l'imprimerie Pollina (Luçon)
Dépôt légal : octobre 2017, n° d'édition : 5347 - 01
N° d'impression : 81665